사랑하면 보인다

사랑하면 보인다

이만근 제5시집

계간문예

| 시인의 말 |

  다섯 번째 시집 출간을 준비하면서 그 어느 때보다 망설이고 주저했다. 소위 '시인'이란 호칭이 붙여진지 쉰 해 동안 별로 남긴 것, 내세울 게 없어 민망하고 부끄럽기 짝이 없었다. 감동과 감흥을 주거나 어두운 사회에 빛이 될 시 한 편 남긴 것이 없다는 회의마저 들었다. 그러나 이제 와서 내 자질의 부족과 게으름, 우둔함을 탓한들 무슨 소용이 있겠는가.

  나의 시는 인정이나 평가를 받기 위해서, 또 시류에 영합하거나 전략적 목적으로는 쓰지 않았다. 내 삶의 흔적과 감회를 기어綺語를 멀리하면서 소박하고 진솔하게, 사랑의 눈빛으로 바라보고자 했다.
  늦깎이 그리스도인의 서툰 기도와 묵상, 부모님과 고향에 대한 그리움, 가깝고 먼 길 위의 발자취, 자연과 꽃이 들려주는 언어에 귀 기울이며 쓴 시편들이다. 이미 지면에 발표된 작품이라 발표지와 날짜를 사족으로 붙였다.

이번이 마지막 시집이라고 단언할 수는 없지만 점차 몸과 마음이 무디어 가고 영혼의 샘물마저 흐려져 가니 앞날을 알 수 없다. 다만 사랑의 눈을 크게 뜨고 하루하루를 감사한 마음으로 살아갈 뿐이다.

이 시집의 출판을 맡아 준 계간문예에 감사드리고, 부족한 나의 시를 독자들에게 더욱 가까이 갈 수 있도록 애정 어린 발문跋文을 써주신 이승하 교수님, 표지화를 그려 주신 강건국 관장님의 깊은 우정에 감하感荷하는 바이다.
그리고 백년해로의 길을 50년 동안 함께 걸어온 아내에게 이 지면을 빌어 고맙다는 마음을 전한다.

2022년 가을

광나루 우거寓居에서
이만근 씀

■ 차례

시인의 말 • 4

1

다시 태어나는 날 • 13
나목裸木 • 14
천국 • 15
저 허공과 나 사이 • 16
난간에 서서 • 17
남아 있는 것 • 18
소망 • 20
라 모레네타 • 21
서산마루에서 • 22
이사 가는 날 • 23
근황 • 24
저녁 기도 • 25
집 • 26
길에서 • 28
새벽 종소리 • 30

2

내 마음의 이어도 • 33

꽃으로 돌아가시다 • 35

옛 등불 • 37

갈수록 그리운 스승 • 38

거울 앞에서 • 41

현기증 • 42

벽 앞에서 • 43

빈 칸 • 44

간고등어 • 45

구름 맛 • 47

귀환 • 48

너무 늦게 보았다 • 50

달항아리 • 52

각인刻印 • 53

고백 • 55

망향 • 56

3

길 • 59

방랑 • 61

슬픈 꽃 • 62

수채화 • 64

잿더미 속에서 • 65

제주 둘레길 • 67

우포늪에서 • 68

자작나무 숲 • 69

앙코르와트 • 70

섬 하나 • 71

가을 바다 • 72

고사목枯死木 • 73

섬 • 74

바위섬 • 75

광나루에서 • 76

절규 • 77

4

봄 밭갈이 • 81
사랑하면 보인다 • 82
부처꽃 • 83
목련꽃 • 84
봄놀이 • 85
봄비 • 86
능소화 • 87
코스모스에게 • 88
더불어 꽃 • 89
나팔꽃 • 90
꽃 한 송이 • 91
봄바람이고 싶다 • 93
붓꽃 • 94
늦가을 단상 • 95
그대들의 강 • 96
머무르지 않을 그대 • 98

신과 인간 사이에 시인이 있어서 / 이승하 • 101

1

다시 태어나는 날

이제사 돌아온 탕아蕩兒가
아버지 품에 안겨
모든 허물과 죄
물로 씻고
새롭게 다시 태어나는
새 아침
밤새 흰 눈이 온 누리를 덮었습니다

어디서 왔는지
어디로 가는지
거듭 스스로 묻고
또 하늘을 우러러 물어보는
멀고 험한 이 길
이제 나 홀로가 아님을 깨닫습니다

아직 신령한 말씀 알아들을 수 없는 귀,
장막 뒤 그림자
알아볼 수 없는 내 마음의 눈
실눈만큼이라도 뜨이고
희미한 촛불이라도 밝힐
정녕, 그날을 향합니다.

『문학과창작』 2013년 가을호

나목 裸木

잎도 없고 꽃도 없는
빈 가슴이지만
길 잃은 새를 품듯
나를 끌어안는다

이젠 더 잃을 것도
더 벗을 것도 없는
황량한 몸짓은
나를 아프게 한다

옹두리만 남은 굽은 등으로
황혼을 받치고 서서
먼 산을 바라본다.
나는 언제나 비울 수 있을까.

『문학과창작』 2009년 여름호

천국

어떤 이는 녹색 정원이 보인다 하고
어떤 이는 세 나라三國가 보인다 하고
어떤 이는 천국이 보인다 했다

로마 아벤티노 언덕
몰타기사국 파란 대문 앞에서
사람들이 서로 다투며
엄지손톱만 한 구멍을 들여다본다

누구는 비밀의 열쇠 구멍이라 하고
누구는 수도원의 비밀이라 하고
누구는 신비로운 나라라고 했다

눈먼 나의 눈으로는
천국은 보이지 않았고
저 멀리 성베드로 대성당이
한 줄기 희미한 빛처럼 다가왔다.

『문학과창작』 2010년 여름호

저 허공과 나 사이

어두운 밤의 기슭
은하의 저편에서
오늘도 연소의 축제가 열리지요

온 누리가 빛나는 것은
저리도 많은 별들이
스스로를 태우기 때문이지요

어떤 별은 빛을 쏟다가도
언젠가 스러져 갈
슬픈 사연도 있겠지요

내가 머물고 있는 이 별도
어둠을 태우지 못하면
영원한 푸름도 없겠지요.

『21세기문학』 2010년 가을호

난간에 서서

지금 시방세계는
'위험'의 신호가 가득하다
그 소리에 귀 기울이면
들리지 않는 곳이 보인다

눈을 뜨고도 나를 보지 못하는,
한 치 앞을 알 수 없는
나의 길이
얼마나 부끄러운 것인가

잡을 수 없는 내 그림자처럼
황금송아지 꼬리 재촉한 걸음
곧 어둠으로 떨어진다
별 하나 없는 깊이로

천 길 낭떠러지 위
난간이 있다는 것,
물러날 여지가 있다는 것
얼마나 다행스러운 것인가.

『문학과창작』 2011년 가을호

남아 있는 것

침침해지는 나의 눈은
마음의 눈을 뜨라 하는 것
어두워지는 귀는
침묵의 소리에 귀 기울이라는 것

느려져 가는 나의 걸음걸이는
스치는 사람을 소중히 여기라는 것
둔해지는 몸짓은
내가 바람막이가 되라는 것

무거워지는 나의 몸은
다 내려놓고 쉬엄쉬엄 가라는 것
굽어져 가는 허리는
뒷모습 돌아보지 말라하는 것

어눌해지는 나의 발음發音은
묵언정진默言精進 하라는 것
흐려지는 기억은
지난날에 매달리지 말라는 것

이렇듯

내 육신의 노쇠는
저 영원의 뜨락에
영혼의 꽃을 가꾸라 한다.

『문학과창작』 2012년 가을호

소망

내가 이 지상에서 머무는 동안
단 한 사람의 목마름이라도 달랠
한 방울의 물이고 싶습니다

단 한 사람의 가슴이라도
따뜻하게 할 모닥불이고,
어두운 길 함께할
동행자이고 싶습니다

내가 이 지상에 머무는 동안
지친 새들이 날아드는
나무이면 더욱 좋겠습니다.

『시see』 2014년 5월호

라 모레네타*

먼 나라 스페인 바르셀로나 북서쪽
몬셀라트 Montserrat 산에는
하늘에만 머물지 않으시고
천백여 년 전 빛으로 내려오신
검은 성모님이
어두운 동굴 속 촛불로 계시지요

바다가 솟아 산이 되고
높은 산은 흰 바위로 둘렸는데
수만 바위마저 하늘 향하고
사람들이 소원만 빌어도
그지없는 사랑으로 품어주시는
이 세상의 어머니로 계시지요

발돋움하고 발돋움해도
나의 작은 키는 무릎에도 미치지 못하는
검은 성모님은
내가 돌아갈 저 아래를
그윽한 미소로 굽어보고 계시지요.

* 라 모레네타(La Moreneta): 검은 성모마리아

『문학과창작』 2014년 겨울호

서산마루에서

하늘이 붉게 물들자
땅은 어둠에 젖어들고,
사그라지기 직전의
절박한 고독이
한 생의 그림자로 찾아들면,
그 적막의 한가운데로
허무 가득 실은 기차가
한 걸음 두 걸음 느릿느릿
자벌레처럼 기어가는데,
목쉰 기적이 울고
아쉬운 바람이 손 흔들 때
후미진 곳 돌고 돌아
저 너머 세상으로 건너간다.

『상상탐구』 창간호(2015.6.30.)

이사 가는 날

켜켜이 쌓인 먼지 같은
35년 만의 이삿짐 속에
아내가 몸살로 앓아 누웠네

내 것도 아닌 것을 내 것처럼
하잘것없는 것을 별것처럼 움켜쥐고
부질없이 헛것에만 매달렸구나

수천 권의 헌 책이며
몇 수레의 낡은 살림살이를
어디론가 떠나보내고

빛바랜 사진을 지우고
곧 헐리게 될 그 집
낡은 문패만 허명으로 남았는데

이제는 모자라는 듯 살다가
깃털처럼 가볍게
새집으로 돌아가리다.

『상상탐구』 창간호(2015.6.30.)

근황

하루하루가 거듭 지나도
두 눈으로 한쪽만 보이고
두 귀로 한쪽만 들리고
한 입으로 두 말을 하고 있다

더욱 심한 증상인
보이는 것만 보고
들리는 것만 듣는
불치不治에 시달리고 있다

보이지 않는 것에 눈 뜨고
들리지 않는 소리에 귀 기울이며
보이지 않는 손에 이끌리는
오늘 하루이고 싶다.

『계간문예』 2016년 여름호

저녁 기도

짙은 어둠이 드리운
이 길을 헤매는 것
어제오늘이 아니지만
이제사 겨우
먼 길 돌아와
희미한 촛불이라도 밝히며
속죄의 두 손 합장하고
오직 사랑의 진실
그 불멸의 사랑에
거듭날 자비를 빈다.

『문학과창작』 2016년 겨울호

집

떠돌이 나에게도
돌아갈 집이 있다

오늘도 무거운 어둠이
앞을 가로막는
긴 지하도에서
찬 바람 품에 안고 누워
돌아갈 집을 꿈꾼다

수없이 집을 허물고
무거운 짐 벗어버리자
한 번도 가본 적이 없는
나의 집 가는 길이
안개 속에 희미하게 보인다

꽃길이 아니고
가시덤불 무성해도
보이지 않는 손에 이끌려
이 세상 어디에도 없는
집으로 돌아가리다

떠돌이 나에게
돌아갈 집이 있다

『문학과창작』 2018년 봄호

길에서

그대 어디를 가는가

길을 가고 있습니다
시작이 없고 끝도 없는 길
그 길은 길로 이어졌고
가깝고도 먼 길
보일 듯 보이지 않습니다

지금 어디쯤 가는냐

아직 터널 안입니다
그림자도 없고
발자국도 없는
허공의 길
어둠으로 이어져 있습니다

길이 어디에 있느냐

제 안에 있습니다
길이 아닌 길은 없고
홀로가 아닌 서로의 길

떠나야 닿을 수 있는 그 길에서
내 갈 길을 묻습니다.

『계간문예』 2019년 봄호

새벽 종소리

깊은 어둠 속
종탑은 높이 솟았는데
사라진 종소리

내 가슴
얼마나 아파야 들리려나

내 마음
얼마나 비워야 들리려나

내 영혼
얼마나 울어야 울리려나

빛의 종소리에
귀 기울이며
새벽을 기다린다

『문학과 창작』 2022년 가을호

2

2

내 마음의 이어도

나의 생가生家는
민주지산 삼도봉三道峰 남쪽
아래 마을, 유촌리 485번지
다목적 댐 물 깊이 잠겼다

나는 너무 멀리 떨어져 있었나
할아버지 분묘墳墓 이장 통지에
깜짝 놀라 깨어나
주름진 산비탈을 헤매다가
흘러간 시간 속
콘크리트 틈새의 잡초로
아파트 성벽의 불빛으로
잠 못 이루고 뒤척인다

이제 내 가슴 깊은 곳
피었던 꽃도 지고
다시 돌아갈 곳 없어
밤하늘의 유성으로 스러져 가고
골짜기 흘러온 물에 갇혀
물안개로 피어오를 때
어디선가 한 마리 새가

멍든 내 영혼을 울어준다

나의 고향은
거친 물결에 잠겼다 다시 떠오르는
외로운 섬, 유촌리 485번지
내 마음의 이어도.

『21세기문학』 2011년 가을호

꽃으로 돌아가시다
_ 어머니의 입관入棺

하늘에 계신 우리 아버지,
스물일곱 꽃다운 나이에 헤어진 어머니
이 세상 나들이 끝내시고
예순한 해 만에 아버지 만나려
먼 길 떠나가시옵니다

미수米壽의 주름진 얼굴
낯설어하실까
살아서도 못한 화장化粧하신 어머니
한아름 백합 안고
흰 국화꽃에 파묻혀 가시옵니다

세찬 비바람 가득 찬 이 세상
외로움으로 밤 맞고 그리움으로 눈뜨는
길가의 들꽃으로 피었다가
독한 먼지 털어버리고
꽃구름 타고 가시옵니다

숱한 괴로움에도 흔들리지 않으셨으니
다시 헤어짐과 설움 없이
마음 편히 쉬게 하실 아버지

어머니의 새 이름
이 마리아도 다정히 불러 주시옵소서

한 많은 육신의 굴레 벗고
까칠한 삼베옷 갈아입고
스물일곱 꽃으로 돌아가시는 어머니
뜨겁게 아버지 품에 안아 주시고
영원한 생명을 누리옵소서.

『월간문학』 2013년 9월호

옛 등불

오늘도 땅거미가 내리면
떠나온 고향집 앞마당
두엄 냄새가
그리움으로 밀려온다

저녁밥 짓는 연기
붉은 구름 위로 피어오르면
어머니의 목소리가
돌담길 가득 채우던 곳

이제는 가련다 해도
어두움이 길 막으니
먼 세상의 꿈
옛 등불 하나만 밝힌다.

『시see』 2014년 5월호

갈수록 그리운 스승
_ 구상 선생님 10주기에

1.

갈수록 그리운 큰 스승
구상 선생님,
"세상에 시가 필요하죠"
남기신 마지막 말씀
아직 생생하온데
어언 10년
강산도 세상도 새로워지지 않았고
두이레 강아지 눈만큼이라도
마음의 눈을 떠야한다는 말씀
다시 새겨 보지만
황사 먼지 속에 갇혀
앞으로 한 걸음도 나아가지 못하는 오늘입니다

영원 속의 안식은커녕
하루살이로 살고,
네가 앉은자리가 꽃자리라고
깨우쳐 주셨지만
좌불안석 바늘방석이고,
황금송아지 몰아내야 한다는

그 말씀
헤아리지 못하고 섬기다가
수많은 어린 아들딸 바닷물에 가두고
노도怒濤의 격랑에 허우적대는
공범자 저희를 용서하소서.

2.

창 너머 한강이 보이는
여의도 성모병원 중환자실
마지막 잡아주시던
그 따뜻한 손
다시금 잡을 수 없고,
마음 아픈 사람
목마른 사람 다 거두어주시던
넓고 넓은 품 안이 그립습니다

허허 너른 웃음에
찾아들기 40여 년,
때로는 밥상 마주하고

마음의 양식 나누어 주시던
구상 선생님,
언젠가 주신 선물
금장 만년필에 잉크가 말라가도
마음 움직이는 시 한 편 없이
백지 앞에 머뭇거리는
저를 보살펴 주소서.

『홀로와더불어』 34호(2014. 6. 16)

거울 앞에서

내 나이 일흔이 지나자
거울 보기가 더 두렵구나

세월은 흐르는 것이 아니라
쌓이고 쌓이는 것인가

빈 껍질의 주름살에는
뉘우침만 새겨 있지만

검버섯 걷어낸 그 자리
새 살이 돋아나기 기다리며

밤마다 이 거울에다
흉측한 내 모습 비추어 본다.

『계간문예』 2016년 여름호

현기증

날이면 날마다
바람 잘 날 없는 광장에는
흙먼지 쓸어가면서
풍뎅이가 돌고 있다 빙글빙글

놀이에 취한 듯 둘러앉아
풍뎅이 모가지 비틀어 뒤집어 놓고
서로 다투듯 땅바닥 울리면서
풍뎅이를 돌리고 있다 빙글빙글

이제는 날 수 없는 날개를 접고
중심도 방향도 잃고
멈추지 못하고 돌기만 하는 풍뎅이
빙글빙글

마지막에는
돌고 도는 것은 풍뎅이가 아니라
내가 돌고 구경꾼이 돌고
세상이 돌고 있었다 빙글빙글

『계간문예』 2018년 봄호

벽 앞에서

나의 앞을 막아서는
저 벽도
뒤돌아서 보면
굽은 등 기대고 쉴
안식이 된다

사방 나를 가두운
이 벽도
고개 들어 보면
넓은 꿈 펼칠
하늘이 열린다.

『계간문예』 2019년 봄호

빈칸

가을이 떠나기 전
때 이른 눈이 내리는 날
배달된 동창회 명부
희미한 기억 같은 불빛 아래
그리운 얼굴 떠올리는데
몇 년 사이 늘어난
'작고作故'란 빈칸

이따금 안부 전화라도 걸면
결번을 알리는 목소리 들려오고
내 가슴에 품은 주소록에도
식어가는 나의 체온처럼
늘어가는 빈칸
나 또한 어느 날
다시 채울 수 없는
회한의 빈칸으로 남겠지

오늘도 친구의 부음訃音이
들려오는 창 저 너머
고목의 빈 가지에는
흰 눈만 쌓이고 있다.

『계간문예』 2019년 봄호

간고등어

새 날 새 아침에
구린내 역겨운 냄새 진동하는
아침 뉴스 보다가 받은 밥상
접시에 누운 간고등어

검푸른 바다 잔등에 지고
노릇노릇 자글자글 굽고 굽혀
기름 자르르 흐르는
탱탱한 흰 살점 한 점

불현듯 다가온 서해안 소금밭
폴란드의 비엘리치카 드깊은 소금광산
볼리비아의 우유니 드넓은 소금사막
칠레의 아타카마 드높은 소금호수

이 세상 누군가의 밥상 위해
배를 가르고 오장육부 다 꺼내 준
쓰리고 아픈 상처에 뿌려진
땀과 눈물의 왕소금

오욕칠정五慾七情마저 태운 불 냄새

하얀 속살 깊이 스며들고
실핏줄까지 소금이 흐르는 간고등어가
헌신獻身의 하루를 맞는다.

『계간문예』 2019년 봄호

구름 맛

여름의 긴 꼬리가 가을빛에 밟히는 날 뭉게뭉게 흰 구름이 드높은 하늘로 올라가는데 문득 '할아버지, 저 구름 맛은 어떤 맛일까요' 여덟 살 손녀가 물었다 일흔이 넘도록 단 한 번도 맛 본 적 없는 그 맛 선뜻 답하지 못하는 답답한 내 가슴을 열어줄 맛을 찾고 있다.

구름이 모여 비가 되고 비가 땅에 내려 나무가 자라고 그 가지에 열린 달콤한 맛인가 깊은 계곡 옹달샘에서 퍼올린 작은 조롱박에 둥둥 떠 있는 구름 후후 불며 마시는 시원한 물맛인가 솜사탕 맛인가.

이렇듯 현문우답賢問愚答에 머물다 손녀의 영롱한 눈망울에 가득한 구름 한 움큼 고사리 손바닥에 올려놓았다.

『문학과창작』 2019년 봄호

귀환

눈부신 봄 햇살을 시샘하듯
눈앞을 가리는 미세먼지
눈 비비며 뒤적이는 아침신문
그냥 지나칠 짧은 기사가
나의 눈길 잡는다

열여덟 꽃다운 청춘이
예순여덟 해나 지나
뼈 몇 조각
녹슨 버클
낡은 전투화로
가족 품에 돌아온 6·25 용사

문득
그 무렵
그 나이쯤 집 떠나신
나의 아버지가
먼 기억의 저편에서
성큼성큼 다가오신다

생사조차 알 수 없는 아버지

애타게 기다리시던 어머니마저
이 세상에 아니 계시는데
할아버지가 된 내가
젊으신 아버지의 귀환을
아직도 기다리고 기다린다.

『상상탐구』 제5집(2019.6.30.)

너무 늦게 보았다

촛불도 흐느끼는 영안실
어두운 지하로 내려가는 계단
계단이 흔들리고
두 다리는 비틀거렸다

창문도 보이지 않는 방에서
어머니가 이승의 옷을 벗고
저승의 옷 갈아입자
갑자기 대낮같이 밝아졌다

어머니 목은 자라목
눈가는 짓물렀고

어머니 다리는 새 다리
발은 몽당 발

어머니 등은 낙타 등
가슴속은 숯검정

어머니 젖가슴은 절벽
쭈글쭈글 남김없이 비었다

'괜찮다 나는 괜찮다'며
홀로 지켜온 모진 세월

무거운 삶을 이고
쉼 없이 걸었던 가파른 길

어머니의 알몸
이제사 보았다
너무 늦게 보았다
마지막 보았다

일순간
모든 불이 꺼지고
보이지 않는 나의 앞길
숨이 막혔다.

『문학과창작』 2020년 봄호

달항아리

내 고향 서산에 기울던 달
그 달 불러들여
덩그러니 창문 밑에 놓았다

명품 백자의 자태도 아니다
눈길조차 없는
먼 타향의 허공에 걸려 있다

가끔 아내의 꽃병이 되지만
어느 무명 도공의 맑은 숨소리가
텅 빈 방 안을 채우고

언제나 소리 없는 소리에
귀 기울이는 수행자로
가부좌 틀고 앉아 있다

나는 달빛 없는 그믐밤
달항아리 하나 품고
창 너머 희미한 길 바라본다.

『계간문예』 2020년 여름호

각인刻印

나의 살아있는 기억 속에는
아버지의 흔적이 없다

아버지는 내 나이 여섯 살 때인가
동족상잔同族相殘의 소용돌이 속에
홀어머니 외아들 남겨두고 떠났다

밤마다 어머니는
칠흑 같은 어둠에 호롱불 켜 놓고
기다림에 잠 못 이루는 어린 나에게
'애비 없는 자식 소리 듣지 않아야'
새기고, 또 새겼다

이 험한 세상 어머니가
고이 간직한 상아도장象牙圖章에
꿈에도 뵌 적 없고 불러본 적도 없는
아버지가 각인刻印되어 있었다

이제는 아버지 그림자 지우고
내 이름 새긴 새 인감印鑑
날마다 꾹꾹 눌러 날인捺印하면

검붉게 아버지의 흔적이 살아났다.

『상상탐구』 제6집(2020.7.10.)

고백

나는 맑은 거울 앞에
마주 서기가 두렵습니다

찌그러진 항아리 같은 굳은 얼굴이
나를 노려보고
평균 키에 못 미치는 작은 내가
모자람의 까치발로 버둥거립니다

내 등 뒤에 걸린 벽시계도
갈 곳 모르는 시간에 사로잡혀
마냥 돌고 있습니다

마음의 거울에 비추면
더욱더 두렵습니다

나는 허물을 벗기는커녕
눈곱도 덜 떨어진 무명無明에
어두운 길 방향 잃고 헤맵니다

저기 비명碑銘 없는 무덤만
곤한 하품을 합니다.

『상상탐구』 제 6집 (2020.7.10.)

망향

나의 고향은
주소불명 수신인 부재
소식조차 반송되는 곳

쫓겨나듯 떠나간
어릴 적 친구는
찢어진 흑백사진에 머물고

텅 빈 하늘가
둥지 잃고 갈 길 잃은 산새들만이
지친 숨을 몰아쉬는 곳

나의 고향은
맑은 물길 따라 다시 돌아갈
연어의 꿈이 깊어가는 곳.

『상상탐구』 제 7집(2021. 6. 20)

3

3

길

나의 고향 김천金泉
황악산黃岳山 기슭
직지사의 하루는
언제나 스님들의 비질로 열린다

이른 아침
헝클어진 머리 빗듯
어둠을 쓸어 낸다
떨어진 낙엽 한 잎 보이지 않는
넓은 뜰 안팎
수많은 발자국을 지운다

희미한 눈을 비비며
해맑은 고요를 밟고 들어선 산문山門
직지인심 견성성불直指人心 見性成佛
마음은 쓸고 닦는 것
길은 먼 곳에 있지 않았다

머물고 있는 시간 속을
한 점 바람이 지나고
희뿌연 먼지 속에

비질 자국만 남아 있다
그 길에 남을
내 발자국이 두렵다.

『월간문학』 2009년 3월호

방랑

가랑비 흩뿌리는 오후
허공을 헤매듯
빈손의 나그네가
몽마르트 언덕에 오른다

화려한 파리가 어둠에 잦아들고
뿔 같은 에펠탑은
길거리 화가의 꿈으로
다시 캔버스에 살아난다

신기루처럼 솟아 있는
하얀 사크레쾨르 성당은
더욱 눈부신데
돌지 않는 회전목마가 쓸쓸하다

잠시 머물다 떠날 나는
두드려도 열리지 않는
그 문 앞에서
돌아갈 길을 묻는다.

『문학과창작』 2010년 여름호

슬픈 꽃

누가 꽃을 아름답다 했는가
누가 꽃은 시든다 했는가

폴란드 남부 오슈비엥침 이곳
아우슈비츠 집단학살 수용소
어둠의 복도에 걸려 있는
살아있는 사진들,
그 사백만 원혼寃魂 위에 바친
영원히 시들지 않을
꽃 한 송이,
불꽃보다 더 눈부시게
나의 눈과 귀를 밝힌다

죽음 저 너머로 달리던 철길이
심장 멎은 듯 멈추어 섰고
굴뚝도 없는 화장로火葬爐 위
암울한 하늘이 내려앉더니
온종일 가랑비 뿌리고
선혈鮮血이 스며든 그 길에 핀
노란 민들레
닦을 수 없는 눈물 머금고

나의 가슴에 박힌다

누가 꽃을 아름답다 했는가
누가 꽃은 시든다 했는가.

『월간문학』 2010년 8월호

수채화

파리발 런던행 유로스타가
싱그러운 5월의 아침
아득한 두근거림으로
드넓은 들판을 휘돌아간다
생멸生滅의 지평선 저 너머로

샛노란 유채꽃 파도가
흔들리는 차창에 부서지고
이따금 보일 듯 말 듯 핀
코코리코가 선홍빛 피를 토하고
빠알간 뾰족 지붕 위에는
지중해 쪽빛 바다를 퍼 나르던
이름 모를 새가 졸음을 달랜다

쏜살같이 멀어져 가는 차창에
지나온 시간의 그림자가 어른거리고
초로初老의 부부가
서로가 기대고 앉아
희미한 한 점의 수채화에 빠져든다.

『21세기문학』 2010년 가을호

잿더미 속에서

오늘도 모든 것 불태울 듯
불볕이 쏟아진다
품페이 모퉁이 잿더미 속에서
희뿌옇게 먼지 덮어쓰고
그대는 무엇을 찾으려 하는가

천 수백 년 전
79년 8월 24일 아침 10시
베수비오 화산이 입을 벌리고
미친 듯 뿜어낸 불벼락이
한순간 휩쓸고 간 언덕

그 한없는 욕망의 꿈,
끝없는 쾌락이 묻혀 있다
솟아오른 땅의 분노 속에는
맞서거나 영원한 것은
아무것도 없다는 것

시간조차 멈춘
허물어진 돌담 너머
지붕 잃은 신전의 흰 기둥 사이

풀리지 않는 암호 같은
나뭇잎의 속삭임 들린다

움푹 파인 수레바퀴 자국 따라
걸어온 길 되돌아보며
출구도 보이지 않는 미로,
잿더미 속을 헤매고 있는데
다시 어디선가 밀려오는 유황 냄새

타다 남은 불씨가 숨쉰다
침묵의 영혼들이 깨어나
검은빛을 따라
저 넓은 광장을 응시하는데
그대는 누구를 만나려 왔는가.

『계절문학』 2011년 여름호

제주 둘레길

바다가 그리워 산을 오르고
산이 그리워 바다로 가는 길
그리움과 그리움 사이를
끊어질 듯 끊어질 듯 이어간다
시작이 없고
끝은 더욱 없는 그 길에는
숭숭 돌담을 빠져나온 바람만
저만큼 앞서간다

바다 건너온 바람이
산 넘어온 빛깔이
안개로 엉키어 덮는다
길은 가는 게 아니라
걷고 또 걸어도 돌아오는 것
그리움마저 내려놓으면
누군가 만날 수 있을까
아무도 길을 묻지 않는다.

『문학과창작』 2011년 가을호

우포늪에서

바람마저 잠들게 하는
저 넓은 품
찾아드는 게
어디 구만리 장천 날던
철새 떼뿐이랴

타는 목마름 달래다가
솟구쳐 떠나는데
나는 아직
이 깊은 늪에서
허우적거리고 있구나.

『21세기문학』 2012년 가을호

자작나무 숲

깊은 산 언저리
후미진 그곳에
자작나무 숲 있다

가슴 타는 겨울 가뭄에
함박눈 내리면
하얀 숲에 가고 싶다

모두 떠나보낸 적막강산
나무도 하얗고
마음도 하얗다

지난날의 허물 벗은 속살
눈이 부시고
시린 눈꽃이 핀다

이제 모든 것 내주고
기도로 지새우는 곳에
은총의 눈이 내린다.

『계간문예』 2015년 봄호

앙코르와트

밀림 속에 갇혔던
거대한 돌이 걸어 나오고
죽었던 돌이 살아난다

나의 길 가로막던 돌이
나의 길
다시 열어준다

수없이 허물어지고
다시 일어서는 신비
천년의 미소가 굽어본다

세상 끝에 수미산이 서 있고
먼바다도 들어와
사방의 해자垓字로 감아 돈다.

『계간문예』 2015년 봄호

섬 하나

먼바다 어디쯤
외로운 섬 하나 있다

기다리는 사람 오지 않고
흩날리는 눈꽃 사이로
뚝뚝 떨어지는 동백꽃
아픈 사랑의 핏자국에
소금기 짠 바람에
더욱 상처는 쓰린데
목이 쉰 파도소리 들린다

내 가슴 깊은 곳
섬 하나 있다.

『시see』 2015년 3월호

가을 바다

이별의 노래가
쉼 없이 출렁이는
가을 바다에
그리운 잔영이
적막의 조각처럼
포물선을 긋는다

높아만 가는 하늘 아래
노을이 물드는
가을 바다가
끝없이 투명한데
내 삶의 황혼이
고요히 내린다.

『문학과창작』 2015년 겨울호

고사목枯死木

모진 비바람 견딘 가지는
푸른 날 잊은 지 이미 오래고
새들이 떠난 둥지는
드높은 산등에 오르다
헐떡이며 오르다가
바람 속에서
멈추어 섰구나

지나간 날 돌아오지 않는
텅 빈 가슴처럼 걸려 있고
할 말도 남기지 않는구나

이제는
벗고도 부끄럽지 않은
검은 십자가같이
닿을 수 없는 하늘만 받드는구나.

『문학과창작』 2015년 겨울호

섬

섬은 홀로다
멀리서 가까이서
서로 다가갈 수 없다

섬은 외로움이다
하늘보다 높은 곳에서 떨어지고
바다보다 깊은 곳에서 솟았다

섬은 그리움이다
어제오늘도
또 내일도 물만 향하고 있다

나 또한 섬이다
군중 속에 허둥지둥
검푸른 유배지를 헤매고 있다

나의 섬은 등대다
성난 파도에서 침묵의 소리 듣고
영혼의 불빛을 품고 있다.

『문학과창작』 2020년 봄호

바위섬

나의 푸른 가슴에
한 점 구름으로
둥둥 떠다니다가 멈추어 선
바람의 섬

망망대해
끝없는 그 어디쯤
벼랑에 홀로 갇힌
무모한 꿈

무량한 바다
길 잃고 헤매는 나의
울음소리만 들리는
아, 바위섬.

『문학과창작』 2020년 겨울호

광나루에서

먼 산 깊은 계곡
허허벌판
굽이굽이 돌아온 강물이
저녁노을에 잠기고
은빛 갈대숲에
서걱이는 바람소리가 시리구나

저기 빈 나루터
마지막 소임 기다리는
낡은 작은 배
다시 돌아올 수 없는 정지된 시간 속을
서러운 후회로 출렁이고
어둠 속으로 사라지는 물소리가 차갑구나.

『문학과창작』 2020년 겨울호

절규

꺼억 꺼억 꺼억

중국 계림 이강漓江의
낡은 뱃머리에서
가마우지가 울부짖고 있다

꺽 꺼억 꺼어억

허기진 배 움켜쥐고
긴 목구멍 속 삼킬 수 없는 먹이
피를 토하듯 토하고 있다

꺼억 꺼억 꺼억

아, 탐욕의 길들임
어디 저 강뿐이랴
목 매달린 하루가 저물고 있다.

『계간문예』 2021년 여름호

4

봄 밭갈이

서둘러 찾아온 봄빛
묵혀두었던 산비탈 밭에도
뜨거운 열기가 솟아난다

한 겨우내 움츠린 가슴에
허공을 가르는 괭이가
죽비竹篦 치듯 내리친다

돌덩이에 부딪는
섬광閃光이
나의 게으른 영혼을 깨운다

흙을 뒤집고 이랑 지어
한 톨의 씨앗이라도 뿌리면
어느새 밭 울타리에 영춘화가 핀다

『계간문예』 2021년 여름호

사랑하면 보인다
- 무화과

전하지 못하는 말
가슴에 가두고
내 안의 꽃을 피운다

꽃이 보이지 않는다고
열매마저 없지 않고
사랑하면 보인다

눈길 마주치다 보면
붉게 영근 사랑이
알알이 터지리라.

『21세기문학』 2012년 가을호

부처꽃

소나무도 아닌 것이 배롱나무도 아닌 것이
동해안 삼척 동막리
신흥사 대웅전 앞 뜰에 서 있다

태백산 자락 떠돌던 솔 씨 한 알이
부처님 품 찾아들듯 늙은 배롱나무 가슴에 안겨
목탁 소리에 귀 밝히는구나

한 이백 년 넘게 제 생살 찢는 아픔 껴안고
한여름의 불볕 아래 서로가 서로에 기대서서
한 몸은 푸른 그늘 내주고
한 몸은 원추꽃차례 받쳐들고 있다.

나도 아니고 너도 아닌
나는 네 안에 너는 내 안에 머무니
하나가 둘이고 둘이 하나인 호혜互惠의 나무로
백일에 지지 않는 꽃 피우니
정녕 세상의 등불이구나.

『문학과창작』 2012년 가을호

목련꽃

긴 겨울잠에서 깨어난
봄 마중 가는 길에 만난
수줍은 봄처녀

부끄러워 부끄러워
참고 참았던 사랑한다는 말 주체 못 하듯
얼굴 붉히며 저절로 열리는가

감추고 감추던 하얀 속마음 부풀어
더 숨길 수 없어
이제 어루어만져 주기 바라는가

메마른 가슴 가득 채우고
한 움큼의 어둠이라도 밝히는
그대는 등불인가

한순간 한 점 바람에
떨어져 흩날릴지라도
생명을 꿈꾸며 맑게 살고 싶어라.

『문학과창작』 2013년 가을호

봄놀이

내 젊은 봄날은
아지랑이 홀림에
언제나 어지럽고

부산한 봄볕 아래
하늘거리는 나비 쫓아가다가
돌부리에 걸려 넘어지고

피 흐르는 손바닥,
선홍빛 가슴팍에
이름 모를 꽃그림 그리면

꽃은 내가 되고
나는 꽃이 되어
영원 속에 머물렀다.

『문학과창작』 2014년 겨울호

봄비

산에도 들에도
버려진 땅에도
울려 퍼지는 사랑의 속삭임

어두운 창 두드려
깊은 잠 깨우는 소리
저 부활의 말씀들

바람 타고 내리는
가장 아름다운 낱말들이
말씀의 늪을 만든다.

『시see』 2015년 3월호

능소화

이렇게 무더운 여름날
그대 향한 사랑이
뙤약볕 이겨내면서
붉은빛으로 물드는
기다림의 꽃

드높은 담장 너머 숨어서
밀어 올리던 그리움이
영롱한 눈물로 맺히고
이따금 찾아오는 바람 소리에
귀 기울이며
뜨거운 언어로 피는
가슴 저린 사연의 꽃

한 번쯤 돌아봐 줄 그대
눈길 한 번 주지 않아도
마지막 순간에도
시들지 않고 아름답게
뚝뚝 떨어지는 꽃

『문학과창작』 2016년 겨울호

코스모스에게

바람의 꽃이여
불어오는 바람 앞에
홀로 외롭게 서 있지 말고
우리 함께 춤을 추어요

푸른 하늘 아래
가을빛 선율이 가득한 들판에서
구름보다 가벼운 몸짓으로
너울너울 춤을 추어요

우주를 품은 꽃이여
이 가을이 다 가기 전에
이별도 아쉬워 말고
서로서로 손잡고 춤을 추어요.

『계간문예』 2018년 봄호

더불어 꽃

꽃과 꽃 사이에는
벌 나비가 바쁘고

잎사귀와 잎사귀 사이에는
물방울이 영롱하고

나무와 나무 사이에는
바람이 춤추고

별과 별 사이에는
어둠이 빛나고

길과 길 사이에는
사람이 손잡고

사람과 사람 사이에는
더불어 꽃이 핀다.

『문학과창작』 2018년 봄호

나팔꽃

손바닥만 한 우리 집 마당 한켠
버려진 폐화분에 핀
나팔꽃
무슨 말이 하고 싶어
언제 어디서 날아와
여기에 피었는가

홀로 오르지 못해
모과나무 옹이 껴안고 올라
고개 숙인 꽃이여
하고픈 말 어찌 다하랴

저 광장의 피 묻은 아우성
나팔소리 요란해도
꽃잎으로 하루 열고
꽃 입으로 하루 닫는
침묵의 꽃
소리 없는 나팔 소리가
내 귀를 울린다.

『계간문예』 2019년 봄호

꽃 한 송이

내 나이 일흔이 넘어서자
그 어느 때보다
꽃타령이 잦아진다

나의 가슴에 꽂아준
그대 꽃 한 송이
내 마음에 뿌리내렸다

부를 이름 몰라 머뭇거리자
그냥 웃음으로 답하고,

허리 굽혀 다가가자
숙였던 고개 들고,

지난밤 비바람 잦아들자
해맑은 재잘거림 아침을 맞는다

시들지 않을 꽃 없다지만
그대 가슴에 달아줄
사랑 향기 빛나는 꽃 한 송이

내 나이 일흔이 넘어서자
뜨겁던 청춘보다
사랑타령이 잦아진다.

『계간문예』 2019년 봄호

봄바람이고 싶다

잿빛 하늘 꽃물들이고
굳게 닫힌 문 흔들어 깨우며
응어리진 가슴
눈 녹이듯 녹이는 봄바람
제주에서 두만강까지
꽃눈 터지는 소리
꽃향기 날리는
바람난 봄바람이고 싶다

얽히고설킨 가시덤불 속
짓눌린 바위 그늘 밑
철조망 위에도 넘나들며
과거에 사로잡힌
미움도 사랑도
어울려 노래하는
바람난 봄바람이고 싶다.

『상상탐구』 제5집(2019.6.30.)

붓꽃

구름 한 점 없는 하늘 아래
후미진 산기슭
보랏빛 물감 잔뜩 머금고
홀로 핀 붓꽃

푸름이 짙어가는 오월
벌 나비도 찾지 않는 그리움
말로 다하지 못한 사연 담아
마지막 편지를 쓴다

바람결에 뒤척이며
한 송이 꽃이 피고 지듯
쓰다가 지우고
다시 쓰는 한 생애

이제는 못다 그린 그림
덧칠하듯 마무리할
붓꽃이 가득
내 가슴에 피었다.

『계간문예』 2020년 여름호

늦가을 단상

어느새 가을걷이가 끝난
빈 들판 어디쯤
황량함 쓸어 담은 밭에
철 잊은 꽃을 피우고 있다

이제 홀로가 아닌
바람과 어울려 피고
찬바람과 더불어 지는
빛바랜 계절이
은빛 꽃을 피우고 있다

결코 버려진 밭이 아니다
늦가을 노을에
봄꽃보다 아름다운 꽃이
붉게 물들고 있다.

『문학과 창작』 2022년 가을호

그대들의 강
_ 흥사단 수원지부 창립 30주년을 맞아

지각을 뚫고 솟은
맑고 맑은 샘물이 모여
뜨거운 겨레 사랑 뜻 모아
달려온 지 30년!

이 물은 동행이다
이 물은 전진이다
이 물은 합류다
이 물은 미래다

검은 폐수도 깨끗하게
모난 돌도 둥글게
둥근 돌은 빛나게 하는
이 푸른 강물이여

이 강에는 무실務實이 넘친다
이 강에는 역행力行이 솟구친다
이 강에는 충의忠義가 굽이친다
이 강에는 용감이 꿈틀거린다

그들의 강은 오늘도 기러기 떼 지어 날고

어둠 속에서도 새벽을 꿈꾸며
드넓은 들판 휘돌아
영원 속으로 흘러간다.

『아름다운 서른 해_수원·용인 흥사단』 2017년 12월 21일

머무르지 않을 그대
_ 허남일 교수 정년퇴임을 맞아

교직의 길 마흔 해
높은 강단 깊은 연구실에만
머무르지 않은 그대
겨레의 스승 도산島山 선생 뜻 이어
이 세상 소금이었네

참 스승의 길
쌓아올린 학문 업적, 지식에만
머무르지 않은 그대
본보기 가르침으로 뿌린 씨앗
이 나라 동량棟梁이 되리라

나와 교유交遊 수십 년
동향同鄕 후배 흥사단 동지로만
머무르지 않은 그대
겸손의 향기 훈훈한 마음
영원 속에 간직하리라

교직 정년퇴임
지나간 그 시간에
머무르지 않을 그대

넓고 먼 앞날 새로운 출발
더 큰 꿈 펼치리라.

『주인정신으로 교직 마흔 해』 2021년 7월 12일

발문跋文

발문

| 발문 |

신과 인간 사이에 시인이 있어서

이승하
(시인, 중앙대 교수)

 이만근 시인과의 인연이 참으로 깊다. 내 고향은 경북 김천인데 이만근 시인은 김천시로 편입된 금릉군이 고향이다. 동향 선배 시인을 외지에서 만나기란 쉽지 않은 일이다. 구상선생기념사업회 일을 합심하여 하고, 모임을 갖는 과정에서 수시로 만나 뵙고 인사를 드린 지 20년이 되었다. 구상 시인 추모문집 『홀로와 더불어』에 실려 있는 이만근 시인이 쓴 「구상 교주」를 보면 이런 대목이 나온다.

 선생님을 처음 뵈온 것은 1970년 봄이었다고 기억한

다. 내가 군 복무를 마치고 흥사단 본부에 근무하면서 기관지 월간 『기러기』 편집을 맡고 있을 때다. (중략) 그 후 이따금, 아니 자주 여의도 서재 '관수재'와 댁을 출입하면서 선생님의 인품을 접한 것은 나의 행운이요, 분에 넘치는 축복이라고 생각하면서 살아왔다.

나 역시 구상 선생님을 교수님이라고 부르다 대부님이라고 부르게 되었는데 이만근 시인을 뵈면 구상 선생님을 함께 추억할 수 있는 것이 그 무엇보다 즐겁다. 14년 만에야 내는 제5시집의 발문 겸 해설을 쓰는 기회를 주셔서 아주 기쁜 마음으로 펜을 들었다.

이만근 시인의 등단 과정이 특이하다. 대학 졸업 후 1965년에 첫 시집을, 1970년에 두 번째 시집을 내면서 문단 활동을 시작했는데 등단 지면을 따지는 우리나라의 관례를 따르지 않은 이유가 궁금했다. 시집을 낸 상태라 『사상계』나 『월간문학』에서 청탁이 왔고, 그냥 시를 발표하면서 시인의 길을 걷게 되었다는 것이다. 동인지 발표, 문예지 추천, 문예지 공모, 신춘문예 당선의 등단 과정을 거치지 않고 서구에서처럼 시집을 내면서 등단한 희유한 예를 보여주게 되었다. 시인은 등단 이후 『시와 시론』, 『시법詩法』 동인으로 작품 활동을 활발히 전개하였다.

인용한 글에 나와 있지만 이만근 시인은 교직에 있거

나 문학단체 언저리에서 직장을 다닌 사람이 아니다. 흥사단 본부 조직홍보부장, 한국청소년연맹 문화홍보국장, 범양사 출판담당 상무이사, (사)신사회공동선 운동연합 본부장, (재)동아시아연구원 상임이사 등을 역임하였다. 주로 시민사회단체에서 일했고 흥사단 공의회장, (사)도산아카데미 부원장과 (사)구상선생기념사업회 감사를 한 적도 있었다. 즉, 교사나 공무원으로 일한 적이 없었다. 범양사가 일반 사기업체였지만 상업적인 출판물이 아닌 신과학 총서를 내는 팀에 들어가 있었다. 업무에 쫓기는 일자리들이 아니어서 구상 선생님을 자주, 가깝게 뵐 수 있었을 것이다.

이제 시인의 시 세계를 본격적으로 살펴볼까 한다. 그 첫 번째 세계는 가톨릭 신앙인의 세계관으로 세상을 보는 데서 오는 것이다.

이제사 돌아온 탕아蕩兒가
아버지 품에 안겨
모든 허물과 죄
물로 씻고
새롭게 다시 태어나는
새 아침
밤새 흰 눈이 온 누리를 덮었습니다
　　　　　－「다시 태어나는 날」 제1연

돌아온 탕아 이야기는 누가복음 15장에 나온다. 교인이라면 다 아는 얘기일 텐데, 탕아의 아버지는 사랑의 하나님을 말하며 탕아는 하나님을 떠난 인간을 말한다. 탕아는 아버지를 떠나면 자유롭고 행복할 줄 알았지만 세상을 돌아다니다 보니 궁핍해졌고 불행해졌다. 집에 돌아가면 아버지가 나를 반겨줄까 내칠까 고민했는데 막상 귀가하니 아버지가 따뜻하게 환대해주는 것이 아닌가. 아마도 이만근 시인은 자신의 지나온 생이 성경 속의 탕아나 다를 바 없다고 생각했던 듯하다. 새 아침은 아마도 영세를 받은 날일 것이다. 아버지, 즉 주님의 품에 안겨 모든 허물과 죄를 물로 씻고 새롭게 다시 태어나게 되었다고 하였다. 그날 축복의 표시인 양 눈이 내렸다. 다음 시는 기도조이다.

내가 이 지상에서 머무는 동안
단 한 사람의 목마름이라도 달랠
한 방울의 물이고 싶습니다

단 한 사람의 가슴이라도
따뜻하게 할 모닥불이고,
어두운 길 함께할
동행자이고 싶습니다

내가 이 지상에 머무는 동안

지친 새들이 날아드는
나무이면 더욱 좋겠습니다.

− 「소망」 전문

   시인의 소망은 별 게 아니다. 누군가에게 내가 가진 것을 나누어 주어야겠다고 생각한 것인데, 이것을 달리 말하면 사랑이고 확대해서 말하면 사랑의 실천이다. 진정한 사랑은 받으려고 할 것이 아니라 베풀려고 해야 함을 이만근 시인은 말하고 있다. 받는 것이 아니라 주는 것! 그것이 진정한 사랑이라고 시인은 말하고 싶었던 것이다.

짙은 어둠이 드리운
이 길을 헤매는 것
어제 오늘이 아니지만
이제사 겨우
먼길 돌아와
희미한 촛불이라도 밝히며
속죄의 두 손 합장하고
오직 사랑의 진실
그 불멸의 사랑에
거듭날 자비를 빈다.

− 「저녁 기도」 전문

이 시도 주제는 앞의 시와 대동소이하다. 예수님의 사랑의 실천, "그 불멸의 사랑에/ 거듭날 자비"를 빈다. 사실 불교의 자비와 참선, 천주교의 사랑과 속죄가 크게 다를 바 없다. 역사적으로 불교는 천주교와 충돌한 적이 별로 없는데 불교는 자비를 제1의 덕목으로, 천주교는 사랑을 제1의 덕목으로 생각한 덕분이 아닐까.

깊은 어둠 속
종탑은 높이 솟았는데
사라진 종소리

내 가슴
얼마나 아파야 들리려나

내 마음
얼마나 비워야 들리려나

내 영혼
얼마나 울어야 울리려나

빛의 종소리에
귀 기울이며
새벽을 기다린다.

- 「새벽 종소리」 전문

성당에서 들려오는 종소리는 빛의 종소리다. 복음을 알리는 종소리이기 때문이다. 종소리는 내 가슴이 아파야 들리고 내 마음을 비워야 들린다. 또한 내 영혼이 울어야 들린다. 즉, 마음의 귀로 들어야만 들리는 것이 새벽 종소리다. 당연히, 깨어 있어야 들린다. 조금씩 동이 틀 무렵, 새벽미사에 참례하러 갈 때 들리는 종소리는 날이 밝아올 것을 알리는 빛의 종소리이다. 이 빛의 종소리에 귀를 기울이며 새벽을 기다리는 사람이 많으면 좋으련만, 그런 사람이 점점 줄어들고 있어 이 세상이 이렇게 혼탁한 것일 게다. 안타까운 일이 아닐 수 없다.

이상의 시 외에도 "이제 모든 것 내주고/ 기도로 지새우는 곳에/ 은총의 눈이 내린다."로 끝나는 「자작나무 숲」, "어두운 창 두드려/ 깊은 잠 깨우는 소리/ 저 부활의 말씀들" 같은 구절이 보이는 「봄비」 같은 시를 보면 신실한 신앙인의 시편임을 알 수 있다.

이번 시집의 또 한 가지 중요한 시편은 시인의 아버지와 어머니에 대한 것인데, 여러 편에 걸쳐서 가족사의 이모저모를 들려준다.

아버지는 내 나이 여섯 살 때인가
동족상잔同族相殘의 소용돌이 속에
홀어머니 외아들 남겨두고 떠났다

밤마다 어머니는

칠흑 같은 어둠에 호롱불 켜 놓고
　　기다림에 잠 못 이루는 어린 나에게
　　'애비 없는 자식 소리 듣지 않아야'
　　새기고, 또 새겼다

　　이 험한 세상 어머니가
　　고이 간직한 상아도장象牙圖章에
　　꿈에도 뵌 적 없고 불러본 적도 없는
　　아버지가 각인刻印되어 있었다
　　　　　　　　　　　　　　－「각인」제2~4연

　해설자는 이 시의 구체성으로 미루어 허구가 아니라 사실이라고 생각한다. 시인의 아버지는 한국전쟁이 일어났을 때 어머니와 외아들인 자기를 남겨두고 어디론가 떠났다. 집만 떠난 것이 아니라 세상을 떠난 것이 아닐까. 왜냐하면 어머니가 소년 만근이한테 '애비 없는 자식 소리 듣지 않아야' 하는 말을 수시로 했고, 만근이는 이 말을 뇌리에 깊이 새겼기 때문이다. 소년은 아버지를 꿈에도 뵌 적이 없었고 불러본 적도 없었다고 했다. 너무 어렸을 때 아버지가 사라졌기 때문이다. 보다 구체적인 이야기가 다음 시에 나온다.

　　생사조차 알 수 없는 아버지
　　애타게 기다리시던 어머니마저

이 세상에 아니 계시는데
할아버지가 된 내가
젊으신 아버지의 귀환을
아직도 기다리고 기다린다.

－「귀환」 마지막 연

  어느 언론 보도를 보니 "뼈 몇 조각/ 녹슨 버클/ 낡은 전투화로/ 가족 품에 돌아온 6·25 용사"가 있다고 하는데 시인의 아버지는 생사조차 알 수 없으니 남아 있는 사람들에게 전쟁 이후 수십 년은 참 얼마나 암담한 세월이었으랴. 동족상잔의 아픔은 세월이 아무리 흘러도 아물지 않는 법이다.

하늘에 계신 우리 아버지,
스물일곱 꽃다운 나이에 헤어진 어머니
이 세상 나들이 끝내시고
예순한 해 만에 아버지 만나려
먼 길 떠나가시옵니다

미수米壽의 주름진 얼굴
낯설어하실까
살아서도 못한 화장化粧하신 어머니
한아름 백합 안고
흰 국화꽃에 파묻혀 가시옵니다

― 「꽃으로 돌아가시다」 앞 2연

스물일곱 살이면 정말 청춘이다. 북의 김일성이 일으킨 전쟁은 중공군, 유엔군을 포함해 수백 만 명을 저승으로 데려갔고 천만 이산가족을 남겼다. 시인의 어머니는 남편과 생이별을 한 뒤 61년을 더 살고 여든여덟에 돌아가셨다. 시인과 그의 어머니는 이산가족이 상봉할 때마다 얼마나 가슴을 졸였을까. 아버지 기일이 오면, 민족이 대이동을 하는 명절이 오면 또 얼마나 가슴이 쓰렸을까.

한 많은 육신의 굴레 벗고
까칠한 삼베옷 갈아입고
스물일곱 꽃으로 돌아가시는 어머니
뜨겁게 아버지 품에 안아 주시고
영원한 생명을 누리옵소서.
― 「꽃으로 돌아가시다」 마지막 연

이 구절을 읽고 눈시울이 뜨거워지지 않으면 한국 사람이 아니다. 시인은 생각한다, 하늘나라에 가서라도 두 분이 만나 영생을 누리기를. 만나서 영원히 알콩달콩 신혼 기분으로 살아가기를. 또 한 편 감동적인 시가 있는데 61년 동안 독수공방에서 외로워하다 돌아가신 어머니의 시신을 염하는 광경을 보고 돌아와 쓴 시다.

어머니 목은 자라 목
눈가는 짓물렀고

어머니 다리는 새 다리
발은 몽당 발

어머니 등은 낙타 등
가슴속은 숯검정

어머니 젖가슴은 절벽
쭈글쭈글 남김없이 비었다

'괜찮다 나는 괜찮다'며
홀로 지켜온 모진 세월

무거운 삶을 이고
쉼 없이 걸었던 가파른 길

어머니의 알몸
이제사 보았다
너무 늦게 보았다
마지막 보았다

　　　　　　　－「너무 늦게 보았다」 부분

어머니의 알몸을 본 적이 없었는데 "저승의 옷 갈아입자" 보게 되었다. 남편과 헤어지고 홀로 아들 하나를 키우면서 살아온 61년 세월의 한이 그 깡마른 육신에 새겨져 있었던 것이다. 아들은 "일순간/ 모든 불이 꺼지고/ 보이지 않는 나의 앞길/ 숨이 막혔다"고 했다. 시인은 어머니의 한을 막연히 생각해 왔을 따름인데 어머니의 시신을 본 순간, 앞으로 어떻게 살아갈까 하는 생각에 그만 암담함을 느꼈던 것이다.

또 하나의 시적 경향은 시인의 나이 어언 70대 중반, 인생의 황혼기에 느끼는 감회다. 생애 자체가 '권력과 영광'과 무관하였고 부귀영화와도 거리가 멀었다. 그저 도산 안창호 선생을 존경하면서 시민사회단체에서 열심히 일해 왔을 따름이었다.

> 이따금 안부 전화라도 걸면
> 결번을 알리는 목소리 들려오고
> 내 가슴에 품은 주소록에도
> 식어가는 나의 체온처럼
> 늘어가는 빈칸
> 나 또한 어느 날
> 다시 채울 수 없는
> 회한의 빈칸으로 남겠지
>
> ─「빈칸」가운데 연

작고하면 동창회 명부에 빈칸을 만들어 놓는데 그것이 자꾸만 늘어난다. "오늘도 친구의 부음이/ 들려오는 창 너머/ 고목의 빈 가지에는/ 흰 눈만 쌓이고" 있으니 착잡한 마음 금할 길이 없다. 하지만 인생의 황혼기라고 해서 '회한'에 사로잡힐 것이 아니라 하루하루를 귀하게 여기면서 아름다운 마무리를 꿈꾸는 것이 현명한 노년이다. 이제 얼마 남지 않았다고 한숨을 내쉴 것이 아니라 아직도 창창하게 남았다고 생각하며 시간을 아껴 쓸 일이다.

내 나이 일흔이 넘어서자
그 어느 때보다
꽃타령이 잦아진다

나의 가슴에 꽂아준
그대 꽃 한 송이
내 마음에 뿌리 내렸다

(중략)

시들지 않을 꽃 없다지만
그대 가슴에 달아줄
사랑 향기 빛나는 꽃 한 송이

내 나이 일흔이 넘어서자
뜨겁던 청춘보다
사랑타령이 잦아진다.

- 「꽃 한 송이」 부분

제일 앞의 두 연을 보면 그대가 내 가슴에 꽃 한 송이를 꽂아주어 그 꽃이 내 마음에 뿌리를 내렸음을 알 수 있다. 그런데 제일 뒤의 두 연을 보면 내가 그대 가슴에 "사랑 향기 빛나는 꽃 한 송이"를 달아줄 생각을 한다. 나이 일흔이 넘어서자 사랑타령을 더 자주 하게 되었다는 것은 그만큼 젊은 마음으로 살아가게 되었다는 뜻이다. 몸의 노화야 자연의 섭리이므로 어쩔 수 없다 하더라도 마음은 젊게 살아야겠다는 결심이 이 시에 담겨 있다. 다음과 같은 가슴 벅찬 사랑의 노래를 듣고 흥분을 느끼는 것은 내가 잘못된 것일까. 인간은, 특히 남자는 죽을 때까지 사랑을 갈망하는 존재인 것을.

잿빛 하늘 꽃물들이고
굳게 닫힌 문 흔들어 깨우며
응어리진 가슴
눈 녹이듯 녹이는 봄바람
제주에서 두만강까지
꽃눈 터지는 소리
꽃향기 날리는

바람난 봄바람이고 싶다

얽히고설킨 가시덤불 속
짓눌린 바위 그늘 밑
철조망 위에도 넘나들며
과거에 사로잡힌
미움도 사랑도
어울려 노래하는
바람난 봄바람이고 싶다.

　　　　　　－「봄바람이고 싶다」 전문

그냥 봄바람이 아니라 바람난 봄바람이고 싶다는 말에 미소를 짓지 않을 수 없다. 게다가 분단된 조국의 휴전선을 넘나드는 해빙의 봄바람이다. 1953년에 휴전협정이 체결되었으므로 분단의 세월이 어언 70년, 이제는 통일에 대한 논의를 해볼 법도 한데 남과 북은 여전히 살벌한 대치국면으로 치달아가고 있다. 전쟁이 데려간 아버지는 기억도 나지 않지만 시인은 이렇게 힘차게 봄노래를 부르고 있다.

전하지 못하는 말
가슴에 가두고
내 안의 꽃을 피운다

꽃이 보이지 않는다고
열매마저 없지 않고
사랑하면 보인다

눈길 마주치다 보면
붉게 영근 사랑이
알알이 터지리라.

- 「사랑하면 보인다」 전문

시인의 마음은 팔팔한 젊은이의 마음이고 피가 끓는 이팔청춘이다. "사랑하면 보인다"는 말은 명언이다. "눈길 마주치다 보면/ 붉게 영근 사랑이/ 알알이 터지리라"는 구절을 가슴에 오래 새겨두고 싶다. 나이 일흔이 넘었다고 해서 사랑 노래를 부르지 말라고 누가 했던가. 이렇게 뜨겁게 사랑 노래를 부를 수 있는 것을. "내 육신의 노쇠는/ 저 영원의 뜨락에/ 영혼의 꽃을 가꾸라 한다."(「남아 있는 것」), "우주를 품은 꽃이여/ 이 가을이 다 가기 전에/ 이별도 아쉬워 말고/ 서로서로 손잡고 춤을 추어요."(「코스모스에게」) 같은 시구를 보니 마음은 나이를 아주 뒤로 돌아가게 한다. 그래서 '노익장老益壯'이란 말이 생겨났나 보다. 나이를 먹을수록 젊어지는 희한한 현상.

또 하나의 갈래는 고향 노래이다. 이 글의 서두에 밝힌 시인의 고향은 해설자의 고향이기도 하다.

나의 고향 김천金泉
황악산黃岳山 기슭
직지사의 하루는
언제나 스님들의 비질로 열린다

이른 아침
헝클어진 머리 빗듯
어둠을 쓸어 낸다
떨어진 낙엽 한 잎 보이지 않는
넓은 뜰 안팎
수많은 발자국을 지운다

- 「길」 전반부

천년 고찰 직지사는 김천의 자랑이다. 사찰은 도를 닦는 곳이다. 절 마당을 비질해 낙엽 한 잎 보이지 않게 하고 수많은 발자국을 지우는 이유가 있다. 수도자가 마음을 깨끗하게 하고자 비질을 하는 것이다. "마음은 쓸고 닦는 것/ 길은 먼 곳에 있지 않았"음을 직지사에 갈 때마다 느꼈던 것이리라. 하지만 시인의 고향에는 지금 가족 중 누가 살지 않는지 "나의 고향은/ 주소불명 수신인 부재/ 소식조차 반송되는 곳"(「망향」)이다. 하지만 내 마음의 고향은 그렇지 않다. "맑은 물길 따라 다시 돌아갈/ 연어의 꿈이 깊어가는 곳"이다. 할아버지 이장 통지를 받고 고향에 대해 새삼스레 생각하기도 하는데 그곳을

'내 마음의 이어도'라고 한다.

> 나는 너무 멀리 떨어져 있었나
> 할아버지 분묘墳墓 이장 통지에
> 깜짝 놀라 깨어나
> 주름진 산비탈을 헤매다가
> 흘러간 시간 속
> 콘크리트 틈새의 잡초로
> 아파트 성벽의 불빛으로
> 잠 못 이루고 뒤척인다
> ─「내 마음의 이어도」전반부

고향은 어릴 때 떠나온 과거의 장소였고 망각의 장소였지만 통지서 한 장이 시인을 다시금 고향으로 이끈다. "나의 고향은/ 거친 물결에 잠겼다 다시 떠오르는/ 외로운 섬, 유촌리 485번지"이다. 거친 물결은 세파인가? 수몰지구일 수도 있겠는데, 그래서 갈 수 없게 된 곳인가? 아무튼 시인에게 고향은 아버지의 부재에 따른 상실감, 어머니의 기나긴 고생, 내 성장기의 고독이 뒤엉킨 과거의 공간인데 할아버지 분묘 이장을 통해 현실의 공간으로 부상한다. 그래도 직지사 같은 절이 있어서 망향을 가능케 한 것이 아닐까.

이만근 시인의 인생관이나 세계관은 비관적이거나 비극적이지 않다. 낙관주의자는 아니지만 거의 언제나 현실에 대해 긍정적인 생각을 하고자 애쓰고 있다. 시인들은 대체로 세계에 대한 절망감이나 환멸감을 토로하는 경우가 많고 사회 현상을 비판적으로 보는 경향이 있는데 이만근 시인은 그렇지 않다. 신앙심 덕분이기도 할 터인데, 신의 창조의 역사歷史와 구원의 역사役事를 믿기 때문일 것이다. 특히 꽃을 노래할 때, 시인은 세상이 아직은 살 만한 곳이라고 말한다.

사람과 사람 사이에는
더불어 꽃이 핀다.
　　　　　　　－「더불어 꽃」 마지막 연

한순간 한 점 바람에
떨어져 흩날릴지라도
생명을 꿈꾸며 맑게 살고 싶어라.
　　　　　　　－「목련꽃」 마지막 연

이제 모든 것 내주고
기도로 지새우는 곳에
은총의 눈이 내린다.
　　　　　　　－「자작나무숲」 마지막 연

이와 같이 긍정적이고 희망적이다. 세상이 많이 부패해 있고 생활 환경이 공해에 오염되어 있지만 시인은 그래도 인간이 활로를 모색할 거라고 생각한다. 신의 구원의 역사가 있을 거라고 믿고 있기에 절망은 유보한다. "한 겨우내/ 움츠린 가슴에/ 허공을 가르는 괭이가/ 죽비 치듯 내리치"고, "흙을 뒤집고 이랑 지어/ 한 톨의 씨앗이라도 뿌리면/ 어느새 밭 울타리에 영춘화"(「봄 밭갈이」)가 핀다. 시인은 이런 마음으로 살아왔고 또 살아갈 것이다. 신과 인간 사이에서 시인으로. 시인을 한자로 쓰면 詩人이지만 이만근 시인의 시세계는 是認에 가깝다. 신을 믿기 때문일 것이다.

해설에서 다루지 않은 시편이 있으니 해외여행의 산물이다. 10수 편에 이르는 여행시에 대한 소감은 독자의 몫으로 돌린다. 독자 중 가본 적이 있는 곳을 소재로 한 시라면 더욱 큰 공감을 얻을 것이다.

시인 자신은 이번 시집이 생애의 마지막 시집이라고 생각할지도 모르겠다. 해설자의 생각은 좀 다르다. 흔히 100세 시대라고 한다. 우리나라도 타고르와 셰이머스 히니, 쉼보르스카 같은 노익장 시인을 가질 때가 되었다. 제5시집 출간을 계기로 더욱더 열정적으로 시 쓰기에 매진하면 이 땅의 소중한 시인으로 오래 기억될 것이다.

「시와 시론」 동인 김옥기 시인의 그림(1971)

계간문예시인선 178

이만근 제5시집_ **사랑하면 보인다**

초판 인쇄 2022년 11월 15일
초판 발행 2022년 11월 18일

지 은 이   이만근
회   장   서정환
발 행 인   정종명
편집주간   차윤옥

펴 낸 곳   도서출판 **계간문예**
주   소   03132 서울 종로구 삼일대로 30길 21 종로오피스텔 1209호
전   화   (02) 3675-5633 팩스 (02) 766-4052
이 메 일   munin5633@naver.com
홈페이지   http://cafe.daum.net/quarterly2015
등   록   2005년 3월 9일 제300-2005-34호
연 락 처   03132 서울 종로구 삼일대로 32길 36 운현신화타워 305호
인   쇄   54991 전북 전주시 완산구 공북1길 16, 신아출판사
ISBN 978-89-6554-260-5
ISBN 978-89-6554-118-9(세트)

값 10,000원

잘못 만들어진 책은 바꾸어 드립니다.
저자와 협의하여 인지를 생략합니다.